W9-BCJ-164

¡Necesitamos los insectos!

Por Anna Prokos

CELEBRATION PRESS
Pearson Learning Group

Contenido

Introducción

¡No aplastes ese insecto! Todos los días muchos insectos nos ayudan a nosotros y a nuestro planeta. Sin los insectos, la Tierra sería un lugar muy diferente.

La Tierra necesita insectos

Los insectos son una parte importante de la naturaleza. Algunos insectos ayudan a las plantas a crecer. Algunos se comen a otros insectos dañinos. Algunos hacen el suelo fértil. Muchos son alimento de otros seres vivos. Algunos incluso hacen cosas que usamos. Necesitamos los insectos.

▲ Estas hormigas trasladan el cuerpo de un saltamontes.

◀ **mariposa coridón de Lysandra**

Algunos insectos pueden causar **plagas**. Estos insectos son dañinos para la gente, las plantas y otros animales. Algunos, como los mosquitos, pican a la gente y a los animales. Otros dañan las plantas. A veces estos insectos son también alimento para insectos provechosos y otros animales. Así que también necesitamos estos insectos que causan plagas.

Grandes grupos de **pulgones** pueden dañar la planta.

Los insectos ayudan a las plantas a crecer

Necesitamos los insectos para ayudar a las plantas a crecer. Las abejas, avispas, moscas, polillas y mariposas vuelan de flor en flor para sorber néctar, un líquido dulce. Cuando se posan en una flor, el polen se pega a sus cuerpos. El polen es un polvo que tienen las flores.

Cuando los insectos vuelan de flor en flor, esparcen el polen. Las plantas necesitan el polen para hacer semillas. Entonces las semillas crecen y nacen nuevas plantas. Así que el polen que esparcen los insectos ayuda a que crezcan las nuevas frutas, verduras y flores. La próxima vez que comas una fruta o verdura, ¡dale gracias a un insecto!

Los insectos esparcen el polen que ayuda a crecer a las frutas y verduras.

Insectos buenos y comilones

A los insectos que son provechosos para la gente se les llaman **insectos beneficiosos**. Muchos insectos beneficiosos son **depredadores**. Comen insectos que causan plagas. Las mariquitas son muy buenas depredadoras. Algunas pueden comer más de 50 pulgones al día. Eso es bueno para un granjero, porque un grupo pequeñito de pulgones puede dañar toda la planta.

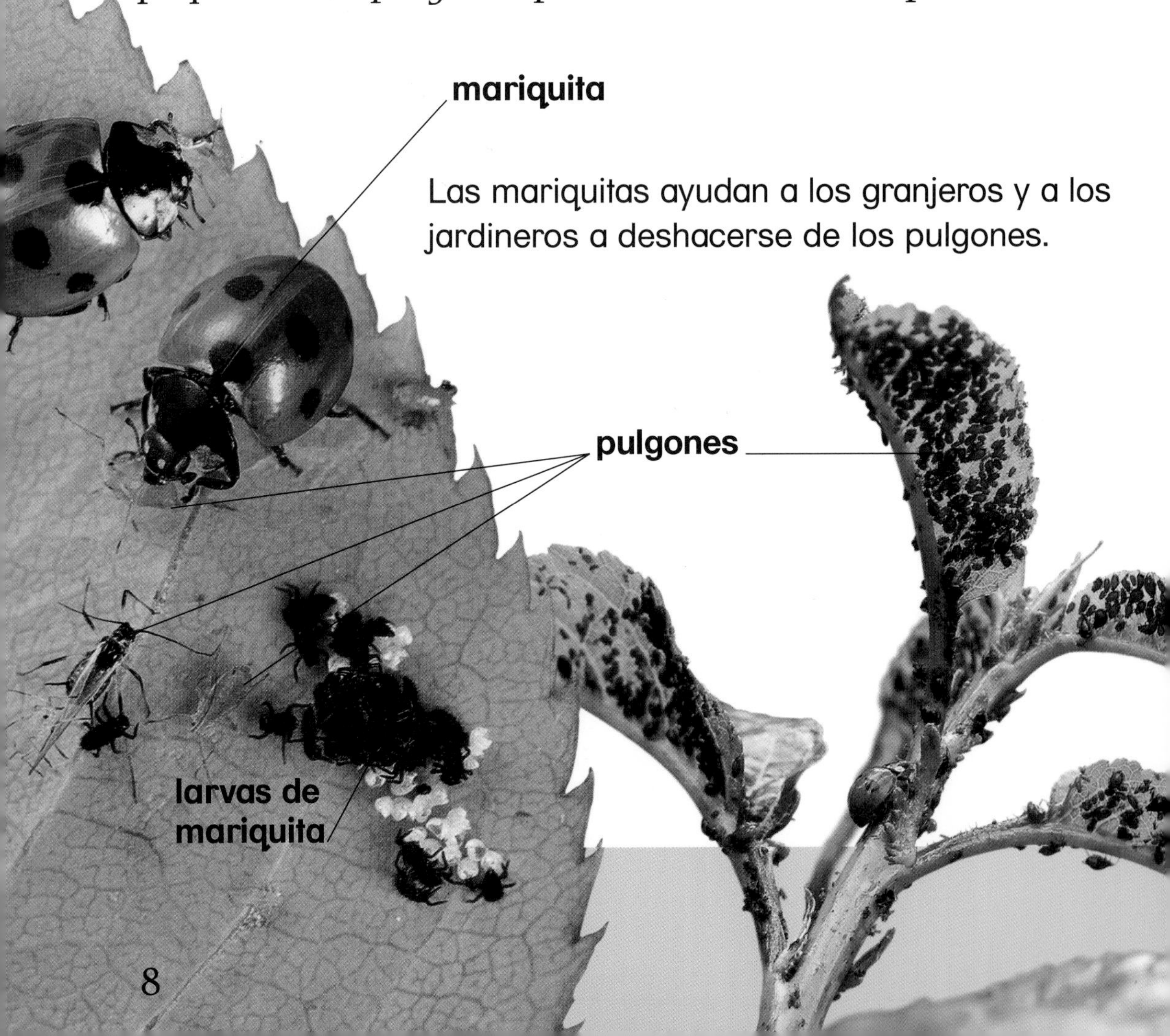

Las mariquitas ayudan a los granjeros y a los jardineros a deshacerse de los pulgones.

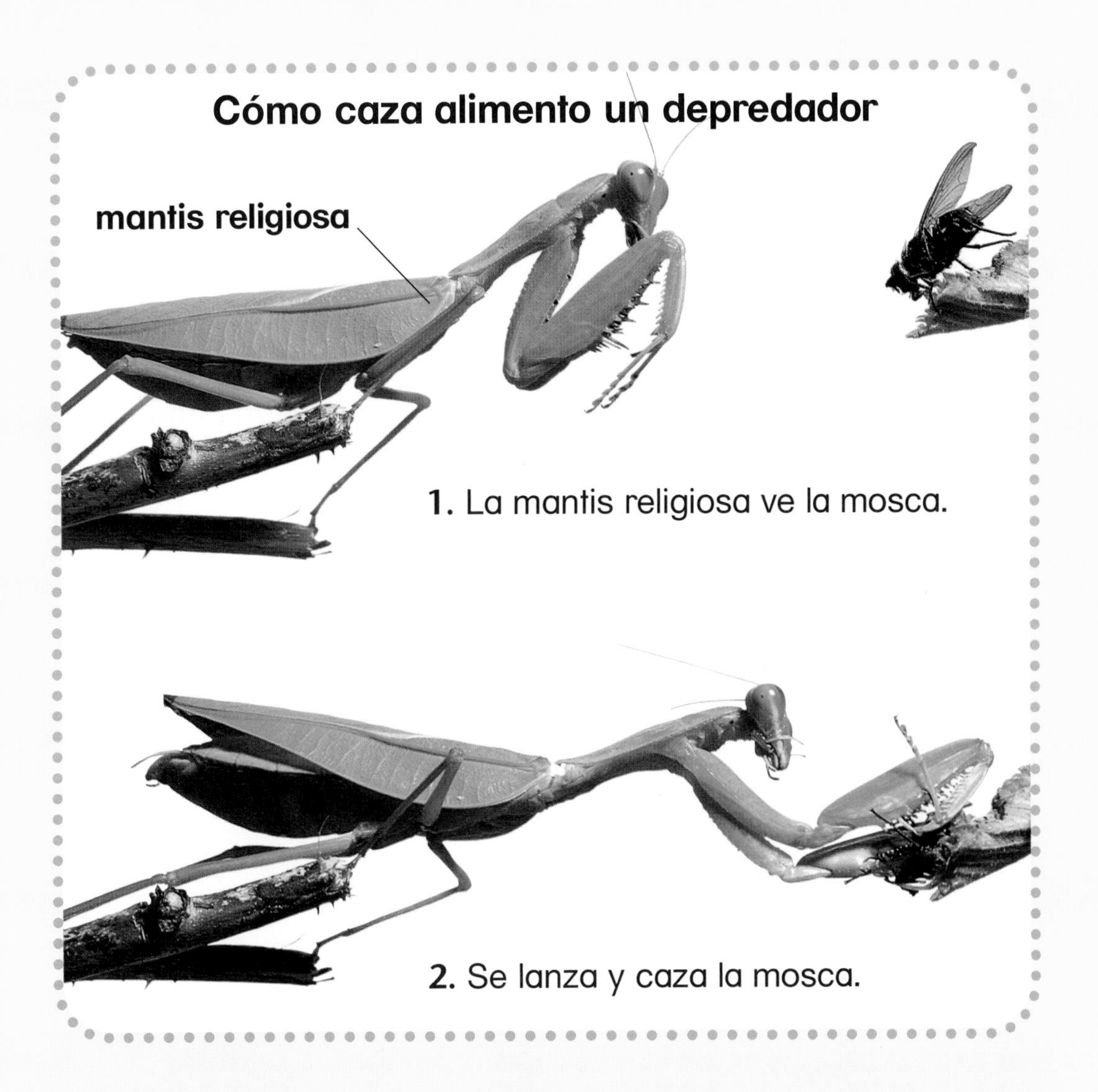

A los granjeros les gusta que haya ciertos insectos depredadores en sus campos. De esa manera no tienen que usar tantos productos químicos para matar a los insectos que causan plagas. Estos productos químicos pueden ser dañinos para la gente y para los animales.

Algunos insectos beneficiosos son **parásitos**. Muchos parásitos ponen huevos sobre o dentro de un insecto que causa plagas. De los huevos salen **larvas** o insectos jóvenes. A medida que crece la larva, se come a los insectos que producen la plaga.

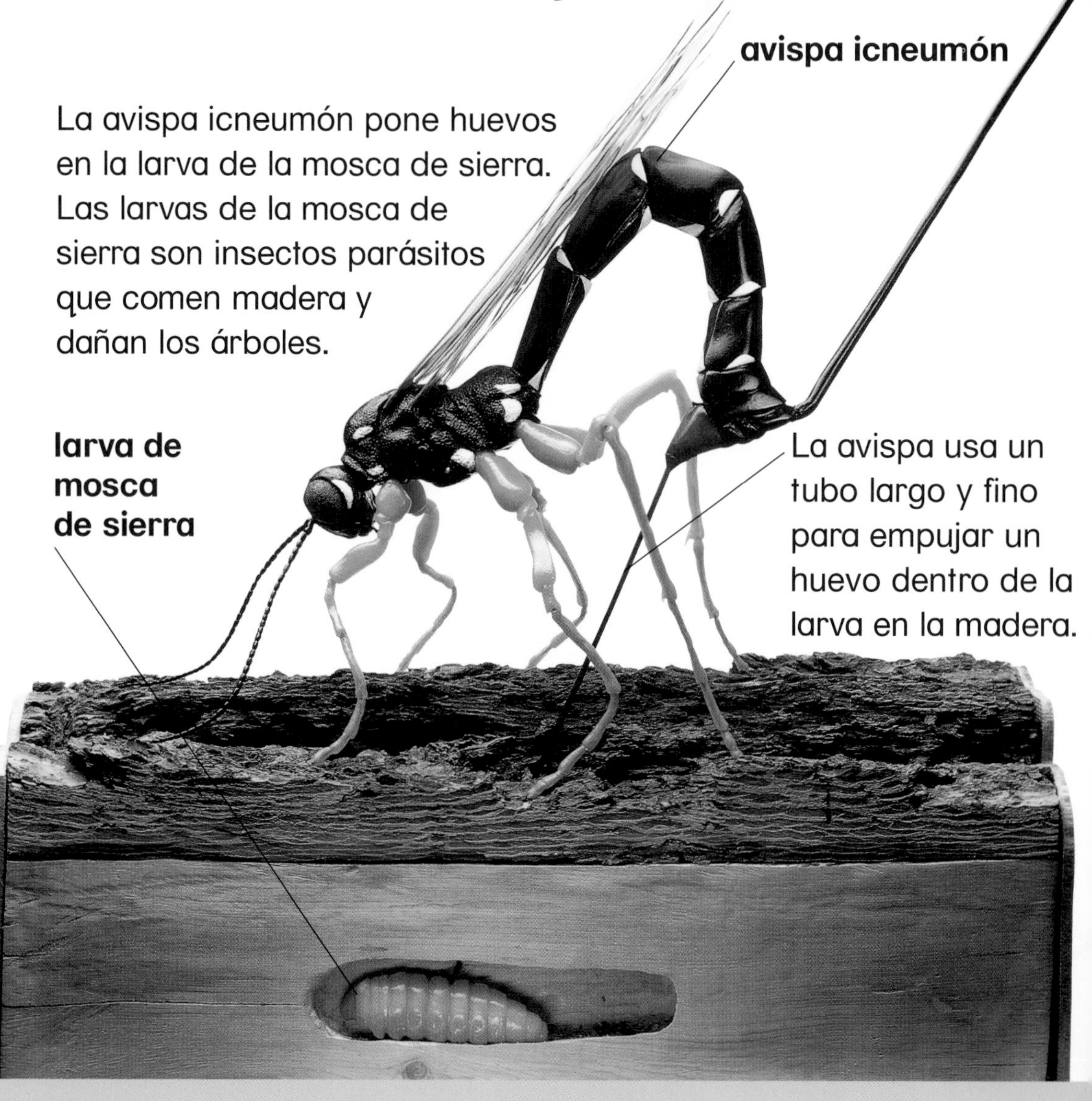

La avispa icneumón pone huevos en la larva de la mosca de sierra. Las larvas de la mosca de sierra son insectos parásitos que comen madera y dañan los árboles.

La avispa usa un tubo largo y fino para empujar un huevo dentro de la larva en la madera.

En este jardín hay clavelones para atraer a las moscas cernidoras. Las larvas de la mosca cernidora se comerán a los insectos que causan plagas en el jardín.

Los jardineros inteligentes encuentran maneras de atraer insectos depredadores beneficiosos para sus jardines. Atraen estos insectos al cultivar cierto tipo de plantas. A los insectos les gusta ciertos tipos de plantas y flores.

¡Algunos insectos beneficiosos tienen mucho apetito! Las larvas de las crisopas pueden comer cientos de pulgones en un día. También les gustan las orugas y los huevos de insectos. ¡La larva de la mosca cernidora puede comer 50 pulgones por día o hasta 400 durante su vida! Un insecto llamado reduvio es un cazador. Estos insectos comen muchos insectos diferentes.

Los insectos enriquecen el suelo

Imagínate que pasas sobre plantas y animales muertos camino a la escuela. Eso es lo que podría suceder si no hubiera insectos. Las **cresas**, o larvas de mosca, y algunos insectos adultos son **descomponedores**. Se deshacen de las cosas dañinas que hay en el medio ambiente.

Este escarabajo come el esqueleto de un murciélago.

Los descomponedores comen plantas y animales muertos, y desecho animal. Eso repone nutrientes en el suelo. Al hacer esto, ayudan a enriquecer el suelo.

◀ un grupo de escarabajos de estiércol alimentándose

El escarabajo de estiércol es un descomponedor. Se alimenta de desecho animal. ▶

Los insectos son alimento

Los insectos son parte del alimento diario de muchos animales. Algunas aves comen cientos de insectos al día. Los murciélagos y las ranas también comen insectos. Estos animales necesitan insectos para sobrevivir.

La rana atrapa una mosca con su lengua pegajosa.

Los animales no son los únicos que comen insectos. La gente también lo hace. En muchos lugares a la gente le encanta todo tipo de insectos. Muchos de estos insectos son buenos para la gente.

▲ Esta tortilla con saltamontes y aguacate es de un restaurante en México.

◀ Este hombre de Uganda come hormigas voladoras blancas.

En Tailandia una mujer
cocina cigarras. ▶

Los insectos proveen cosas

Los insectos hacen muchas cosas que la gente usa. Si no fuera por las abejas, no tendríamos miel. Si no fuera por los gusanos de seda, no tendríamos seda. Esta tabla tiene una lista de cosas que los insectos proveen.

Productos que provienen de insectos

Insecto	Productos
abeja	miel, cera de abejas
gusano de seda (larva del gusano de seda)	seda
cochinillas	tinte rojo

Las abejas producen miel

Estas celdas blancas contienen miel.

Las abejas nos dan miel. Con la cera de las colmenas de abejas se puede hacer velas.

Los gusanos de seda producen seda

El gusano de seda hace un capullo de seda.

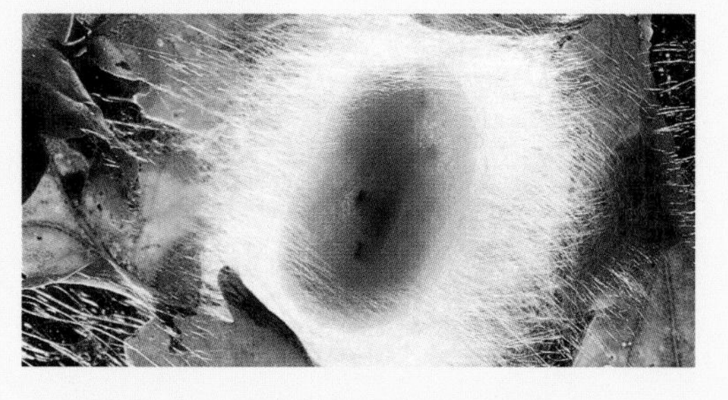

La seda protege al gusano de seda mientras crece.

Los insectos son hermosos

Mucha gente piensa que los insectos son hermosos. Algunas personas los coleccionan. Los diferentes colores, formas y tamaños de los insectos son asombrosos. Muchos zoológicos tienen jardines donde la gente puede ver la belleza de los insectos.

escarabajo cardenal
oruga palomilla
de gordolobo
mariquita siete manchas

¡Necesitamos los insectos!

¿Cómo sería la vida sin los insectos? Algunas plantas no producirían tantas frutas y verduras. Se dañarían o destruirían muchas plantas. Las plantas y animales muertos se quedarían más tiempo en el suelo. Algunos animales tendrían que encontrar otros alimentos. No tendríamos muchas de las cosas que usamos todos los días. Así que la próxima vez que levantes tu pie para aplastar un insecto, mejor esquívalo.

Glosario

cresas	las larvas de una mosca
depredadores	animales que matan o se comen a otros animales para alimentarse
descomponedores	animales que comen plantas y animales muertos, y desecho animal
insectos beneficiosos	tipos de insectos que destruyen a los insectos que causan plagas
larvas	insectos jóvenes que parecen gusanos y orugas
parásitos	animales que viven dentro o sobre otro ser vivo
plagas	daños causados por animales a las personas, plantas y otros animales
pulgones	insectos minúsculos que se alimentan chupando la savia de las plantas

Índice